JN427734

독해력 향상을 위한

레벨업 일본어

한류편

이시윤 · 임태균 · 아이자와 유카 공저

신아사

레벨업 일본어- 한류편

머리말

일본어를 공부하는 여러분 안녕하세요?

이번에 중급일본어를 뛰어넘으려는 학습자분들을 위해서 레벨업 '한류편'을 내어놓게 되었습니다. 지금은 한류가 전 세계에 퍼져 있는 느낌이지만 본 책에서는 일본어를 배우는 것이 목적이기에 일본에 있어서의 한류에 대해서 집중 조명하였습니다. 일본에서의 한류의 과정을 짚어가면서 동시에 독해력을 향상시킬 수 있도록 다양한 주제와 단어가 나오는 테마들로 구성되어 있습니다. 또한 각과의 끝에는 혼자서 미리 찾아보고 한류와 관련된 다양한 지식을 쌓을 수 있는 <알아봅시다> 코너가 마련되어 있습니다. 교과서에 나와 있지 않은 지식도 차곡차곡 쌓아가는 좋은 기회가 되었으면 합니다. 또한 각 단원의 끝에는 난이도가 높은 독해문제를 제시, 자신들의 일본어 능력을 테스트할 수 있는 장을 마련하였습니다.

본교재로 수업을 진행할 경우에는 교수자는 교재를 사용하여 일본어능력 향상을 도모하고 학생들은 일본 이외의 나라에서의 한류를 조사하여 발표하는 식으로 수업 구성을 하시면 좋을 것 같습니다. 각과의 끝에는 학생들의 발표내용을 요약하여 적을 수 있는 지면이 마련되어 있습니다. 발표내용을 책에 적는 경우는 집에서 반드시 노트에 옮겨 적을 수 있도록 지도하시면 나중에 과제평가 시에 도움이 될 것 같습니다.

아무쪼록 이 책이 모두에게 도움이 되는 귀한 책이 되기를 바라마지 않습니다.

2019년 3월

저자 일동

레벨업 일본어- 한류편

목차

레벨업 일본어
한류편

1과 韓流

본문1

日本での韓流の始まり

「韓流」という言葉は、1990年頃中国で使われ始めたという。日本では、2003年にNHK衛星放送でドラマ「冬のソナタ」が放映された時、この言葉が使われたそうだ。「冬のソナタ」は予想外に反響を得、翌年地上波で再放送された。この時から日本で韓流ブームに火がついた。冬のソナタ「大当たり」を目撃した他の民間放送局も先を争って韓国ドラマを輸入した。この時期を第1次韓流ブームと呼ぶ。

これに先立ち、2000年には映画「シュリ」や「共同警備区域JSA」などがヒットし、日本人が韓国コンテンツの水準を見直す契機となった。2002年には韓日ワールドカップも開催され、韓国に対する好感度が高まった。また、2001年に日本でデビューした歌手のBoA、2005年にデビューした東方神起も韓国人歌手として日本国内の韓流ブームの拡散に力を加えた。

韓日関係を長く見てきた人たちは、1970、80年代に日本で活躍した韓国人歌手も両国間の理解を高めるのに貢献したと評価する。たとえば、1976年に登場した歌手の李成愛は、「日本で成功した初の韓国人歌手」だ。趙容弼は1987年、韓国人歌手では初めてNHKの紅白歌合戦に登場した。ソウル五輪が開かれた1988年からは、桂銀淑、金蓮子などが次々に地上波に登場し、人気を呼んだ。1989年には、ペティ・キムが加勢して4人が紅白歌合戦の舞台に立った。

독해 문제

본문을 읽고 다음 질문에 답하세요.

1. 日本で韓流ブームに火がついたきっかけは何ですか。

2. 日本国内の韓流ブームの拡散に力を加えた韓国の歌手を挙げなさい。

3. 4人の韓国人歌手が紅白歌合戦の舞台に立ったのはいつですか。また、4人の名前を挙げなさい。

중요어휘

韓流 한류 'かんりゅう'라고도 함
反響を得る 반향을 얻다
再放送 재방송
目撃する 목격하다
輸入 수입
コンテンツ 콘텐츠
契機 계기
拡散 확산
貢献する 공헌하다
加勢する 가세하다
放映される 방영되다
翌年 이듬해
火がつく 불이 붙다
民間放送局 민간방송국
先立つ 앞장서다, 앞서다
水準 수준
開催される 개최되다
加える 더하다, 보태다
紅白歌合戦 홍백가합전(12월 31일 밤에 방송되는 일본 NHK 가요 프로그램)
きっかけ 계기
予想外に 예상외로
地上波 지상파
大当たり 크게 히트함, 대성공
先を争う 앞을 다투다
共同警備区域 공동경비구역
見直す 다시 보다, 재검토하다
好感度 호감도
活躍する 활약하다

본문 2

『冬のソナタ』ブーム

日本での韓流は、2003年4月から9月にかけて、NHKBS2で『冬のソナタ』（通称「冬ソナ」）が放送され、人気を博したことにより始まったとされる。既に中国や台湾で広まっていた「韓流」という言葉が日本でも用いられるようになった。同ドラマの主演俳優ペ・ヨンジュンは、「ヨン様ブーム」としても知られる。特に、彼はたくさんの純愛ドラマに出演し、中高年の女性たちを惹き付けた。韓国で放送されたドラマが日本でもそのまま放送され、韓国人俳優に注目が集まるようになったことも特徴と言える。

ある発表によると、2004年のヒットランキングでも、横綱に『冬のソナタ』が選ばれ、日本中をフィーバーの渦に巻き込み、大きな社会現象になった。主役のペ・ヨンジュンやチェ・ジウだけでなく、他の韓国人俳優にも人気が集まり、来日の際には空港に多数のファンが集まるフィーバーぶりをみせた。

『冬のソナタ』は、せつなくも優しいラブストーリードラマである。美しい音楽と、まるで絵画のような自然の中でのシーンが印象的だった。「初恋の人」という普遍的なテーマは、人々の共感を得、ビックヒットした。『冬のソナタ』は日本での韓流の始発点であり、主人公のペ・ヨンジュンは、微笑みの貴公子と呼ばれ、空前の人気を一身に受けた。

독해 문제

본문을 읽고 다음 질문에 답하세요.

1. 「韓流」という言葉が日本より前に用いられた国を挙げなさい。

2. 2004年の冬ソナに出てくる俳優を本文から探して書きなさい。

3. ペ・ヨンジュンは『ヨン様』の他に何と呼ばれましたか。

중요어휘

通称 통칭
用いる 이용하다
惹き付ける 매혹하다, 마음을 끌다
巻き込む 휩쓸리게 하다
俳優 배우
ぶり 모습, 태도
シーン 신, 장면, 광경
普遍的 보편적
微笑み 미소
一身に受ける 한 몸에 받다

人気を博する 인기를 얻다
出演する 출연하다
フィーバー 열광, 열기
現象 현상
来日 외국인이 일본에 옴
せつなくも 애달프고도
印象的 인상적
共感を得る 공감을 얻다
貴公子 귀공자

既に 이미
中高年 중년과 노년
渦 소용돌이
主役 주역
際 때
絵画 회화, 그림
初恋 첫사랑
始発点 시발점
空前 공전, 전에 없는

문형 & 표현

1. ～に対する（～에 대한）

今回のボランティア活動に対する評価はあまり良くなかった。

私たちは、環境に対する取り組み方を真剣に考えなければならない。

2. ～から～にかけて（～에서 ～에 걸쳐）

明日は昼から夜にかけて大雨になるそうだ。

熊本県から大分県にかけて大きな地震が発生した。

3. ～ぶり（～하는 모습）

誰もがそのラーメン店主の働きぶりに驚いた。

友だちに指摘されて、初めて自分の慌てぶりに気がついた。

4. ～も（～하고도）：い형용사에 연결된다.

その映画は悲しくもせつない恋のストーリーだった。

昨日の試合は負けてしまったが、苦しくも楽しい思い出になった。

중요어휘

評価 평가
環境 환경
取り組み方 대처방법
真剣に 진지하게
大雨 큰비
ラーメン店主 라면가게 주인
慌てぶり 허둥대는 모습
気がつく 알아차리다

레벨업 응용독해

1-1 일본에서의 한류의 시작

韓国の文化は"韓流(Korean Wave, Korean Fever)"のブームに乗って世界的に知られるようになった。韓流という言葉は、中国で韓国の大衆文化に対する熱風が吹き始めてから現れた用語だ。韓流現象は、当初は映画、テレビドラマ、大衆音楽、ゲームなど、大衆文化の海外流通と消費を中心に起きた。

1. 韓流という言葉が使われるきっかけになった国はどこですか。

2. 韓流と一番関係があると思われる漢字を四文字で書きなさい。

3. 韓流は英語で何と言いますか。

1-2 겨울연가 붐

韓流が本格的に猛威を振るい始めたのは2000年代初めである。当時、韓流ブームを主導したのはドラマだった。〈冬のソナタ〉と〈宮廷女官チャングムの誓い〉は韓流拡散の立役者だった。〈冬のソナタ〉はペ·ヨンジュンという韓流スターを輩出し、〈チャングムの誓い〉は韓国料理ブームを巻き起こし、イ·ヨンエを韓流スターに押し上げた。特にペ·ヨンジュンは「ヨン様」シンドロームを起こし、韓流熱風の震源地となった。

1. 韓流ブームを主導したのは何ですか。

2. 韓流スターを輩出したドラマを二つ書きなさい。

3. 韓流熱風の震源地となった人は誰ですか。

알아보기

1. 한류의 경제적 효과에 대해서 정리해 봅시다.

2. 겨울연가에 관련된 촬영지(ロケ地) 한 곳을 선택하여 설명하세요.

조별발표

▣ 다른 조의 발표를 듣고 내용을 정리해 봅시다.

① 발표자 이름

② 발표 테마

③ 발표 내용 정리

④ 발표를 들은 소감

MEMO

2과 第２次韓流ブーム

본문1

第２次韓流ブーム

日本の第２次韓流ブームは、2010年８月、ガールズグループのKARAや少女時代などの日本デビューをきっかけに吹き始めた。その年、新人を対象にしたCDとDVD販売順位でKARAと少女時代が日本人アーティストを抜いて１、２位を占めた。

KARAと少女時代は日本の音楽界に新たなアイドル像を提示したとされる。「AKB48」のように「会いに行けるアイドル」、「ファンが育てるアイドル」が多かった日本で、長年の訓練を通じて「完成されたスター」として登場した彼女たちは驚嘆の対象になるには十分だった。

日経トレンディは、2011年頃を第２次韓流ブームと位置付け、韓国製ボーカロイドSeeUやスマートフォン用アプリカカオトークが日本で大流行していると紹介している。女性セブンでは、第２次韓流ブームについて、韓流ドラマの地上波やBSでの放送の広がりや視聴者層の年齢の拡大を挙げた。ジェイ・キャストでは、第２次韓流ブームについて、ウォン安・円高を背景に韓国コンテンツの輸入や韓国旅行が増大したこと、雑誌などで韓国関連の話題が取り上げられる機会が増えたことに対して言及している。

독해 문제

본문을 읽고 다음 질문에 답하세요.

1. 新人(しんじん)を対象(たいしょう)にしたCDとDVD販売順位(はんばいじゅんい)で１、２位(い)を占(し)めたのは誰(だれ)と誰(だれ)ですか。

2. 韓国(かんこく)と日本(にほん)のアイドル像(ぞう)の違(ちが)いは何(なん)ですか。

3. 女性(じょせい)セブンによる第(だい)２次(じ)韓流(はんりゅう)ブームの原因(げんいん)は何(なん)ですか。

중요어휘

ガールズグループ 걸 그룹
~をきっかけに ~을 계기로
新人(しんじん) 신인
対象(たいしょう) 대상
販売(はんばい) 판매
順位(じゅんい) 순위
アーティスト 아티스트
抜(ぬ)く 앞지르다, 제치다
占(し)める 점하다, 차지하다
新(あら)たな 새로운
提示(ていじ)する 제시하다
~を通(つう)じて ~을 통해서
驚嘆(きょうたん) 경탄
位置付(いちづ)ける 자리매김하다, 평가하다
ボーカロイド 보컬로이드(YAMAHA가 개발한 컴퓨터 음악 제작을 위한 음성 합성 엔진)
広(ひろ)がり 확산
拡大(かくだい) 확대
増大(ぞうだい)する 증대되다
取(と)り上(あ)げる 거론하다
言及(げんきゅう)する 언급하다

본문 2

KARAと少女時代

KARAは、韓国の女性アイドルグループだ。2007年３月デビュー、2016年に解散した。日本におけるK-POPブームの火付け役として知られ、NHK紅白歌合戦にも出場した。グループ名の「KARA」は、音調や拍子という意味を持つ言葉「カラック」に、ギリシャ語で歓喜、甘いメロディーという意味を加えて、「音楽を通じて喜びを与えたい」という気持ちを込めて名付けられた。メンバーの一人であるジヨンは 2014年専属契約満了によりKARAを脱退、日本を中心に女優活動を開始した。元メンバーのハン・スンヨンはソロデビューし、現在でも日本で活発な活動を続けている。

少女時代も韓国の女性アイドルグループで、2007年８月に「また巡り逢えた世界 (Into the New World)」でデビューした。2009年に発表した「Gee」が大ヒットし、一躍韓国アイドル界のトップスターとなった。韓国だけでなく、アジア諸国、日本、欧米でも活動を行っている。

2010年10月にリリースされた日本での２枚目のシングル『Gee』は1週間でおよそ６万6000枚が売れ、日本人以外のアジア女性グループで初のオリコン・シングルウィークリーチャート２位を獲得した。少女時代はこの年の『第52回日本レコード大賞』で新人賞、『第25回日本ゴールドディスク大賞』でニューアーティスト・オブ・ザ・イヤー（最優秀新人賞）を受賞した。

독해 문제

본문을 읽고 다음 질문에 답하세요.

1. 元KARAのメンバーでソロデビューし、現在でも日本で活発な活動を続けている人はだれですか。

2. 少女時代が一躍韓国アイドル界のトップスターになったきっかけは何ですか。

3. 初のオリコン・シングルウィークリーチャート2位を獲得したアジア女性グループは誰ですか。

중요어휘

解散する 해산하다
音調 음정
歓喜 환희
専属 전속
脱退 탈퇴
巡り逢える 우연히 만나다, 해후하다
アジア諸国 아시아 여러 나라
およそ 약, 대략

火付け役 도화선 역할
拍子 박자
込める 담다
契約 계약
元メンバー 전 멤버
一躍 일약
欧米 구미, 유럽과 미국
獲得する 획득하다

~として ~로서
ギリシャ語 그리스어
名付ける 명명하다
満了 만료
活発だ 활발하다
だけでなく 뿐만 아니라
リリースする 발매하다
受賞する 수상하다

문형 & 표현

1. ～をきっかけに（～를 계기로）

アニメをきっかけに日本語に興味を持つ学生が多い。

ある新聞記事をきっかけに、社会問題について考えるようになった。

2. ～を通じて（～를 통해서）

彼女とは共通の友人を通じて知り合った。

現地の大使館を通じて、今回の事件の第一報が入った。

3. ～における（～에 있어서）

日本におけるインターネットの歴史はまだそれほど長くない。

今『現代におけるスポーツの意義と役割』という題でレポートを書いている。

4. ～だけでなく（～뿐만 아니라）

この科学館は、子どもだけでなく大人も楽しめる。

水不足の問題はこの地域だけでなく、この国全体の問題である。

중요어휘

興味 흥미	記事 기사	共通 공통
知り合う 서로 알다	現地 현지	大使館 대사관
第一報 제일보, 첫걸음	それほど 그다지	意義 의의
役割 역할	題 제목	科学館 과학관
水不足 물 부족	全体 전체	

레벨업 응용독해

2-1 제2차 한류 붐

韓流スターに熱中した主婦が韓国で失踪する事件が起き、「韓流にはまった日本の妻につける薬はない」と言われるようになった。日本の主婦が韓流に夢中になる理由はいろいろあるだろうが、「韓流スターは中年女性を"おばさん"と侮らない。儒教の精神もあり、目上の人を敬う。(主婦)ファンの皆さんがいい気分になれるように気づかうためだ」という見解もある。

1. 韓国でどんな事件が起きましたか。

2. 日本の主婦が韓流に夢中になる理由を書きなさい。

3. 中年女性を"おばさん"と侮らないのは誰ですか。

2-2 소녀시대

2010年6月11日、少女時代は8月のショーケースをはじめ日本進出を公式に発表した。メンバーたちもそれまで行ってきた個人活動を中断し、日本進出に備えた。8月25日、有明·コロシアムでショーケースを開き、日本市場への第一歩を踏み出した。本来は一度のみの企画だったが、ファンの要求で3回に再編成された。「スポーツ報知」は少女時代のデビューを"衝撃的な日本上陸"と表現した。

1. 少女時代は、日本進出に備えてどうしましたか。

2. 少女時代が日本市場への第一歩を踏み出した場所はどこですか。

3. ファンの要求により、ショーケースはどのように再編成されましたか。

少女時代

알아보기

1. KARA의 일본에서의 활동에 대해서 알아봅시다.

2. 소녀시대의 일본에서의 활동에 대해서 알아봅시다.

조별발표

▣ 다른 조의 발표를 듣고 내용을 정리해 봅시다.

① 발표자 이름

② 발표 테마

③ 발표 내용 정리

④ 발표를 들은 소감

MEMO

3과 嫌韓

본문1

嫌韓とは

嫌韓は、韓国や朝鮮民族に対する嫌悪感をあらわす用語である。主に日本や中国で見られる。日本では2005年頃に「マンガ　嫌韓流」のヒットにより広く知られるようになった。この漫画は2005年、ネット情報などを元に書かれ、発売後はAmazon.co.jpで数日に渡って売上１位を記録し、さらに2005年の同サイトにおける年間売上１位を獲得するほどの大きな影響力を発揮した。

その後、2012年の韓国大統領による竹島上陸などにより、日本の世論も嫌韓が主流となった。嫌韓派の態度は人によって様々である。嫌韓は、韓国内での反日教育や韓国人の強い反日感情につながる感情行為であるとも言われる。

日本と韓国は隣にありながら、歴史的に複雑な関係が続いてきた。韓国では「反日」、それに呼応するように2010年代からは日本でも「嫌韓」という言葉が一般的になっている。日韓関係好転のカギを握るのは両国の外交姿勢だろうか。それとも国民感情だろうか。いずれにしても、客観的事実を伝える報道機関の役割と責任は重い。

독해 문제

본문을 읽고 다음 질문에 답하세요.

1. 嫌韓とは何か、説明しなさい。

2. 嫌韓は何につながる感情行為であると言われていますか。二つ挙げなさい。

3. 日本で「反日」と呼応する言葉が使われたのはいつ頃ですか。

중요어휘

嫌韓 혐한
元に 바탕으로
発揮する 발휘하다
様々 여러 가지, 가지각색
呼応する 호응하다
外交 외교
いずれにしても 어느 쪽이든, 어쨌든
役割 역할
嫌悪感 혐오감
数日 며칠
上陸 상륙
つながる 이어지다
好転 호전
姿勢 자세
責任 책임
あらわす 나타내다
~に渡って ~에 걸쳐서
世論 여론
感情行為 감정행위
カギを握る 열쇠를 쥐다
それとも 또는, 아니면
事実 사실
用語 용어
売上 매출
主流 주류
~ながら ~하면서
両国 양국
客観的 객관적
報道機関 보도기관

본문 2

韓国の印象

経済関係や人的交流も多く、切っても切れない日韓関係。日本人は今、韓国に対してどのような印象を抱いているのだろうか。全国20～60代の男女1,358名を対象に調査を実施した。

今回の調査で「韓国が嫌い」と答えたのは、およそ5割。過半数には届かなかったが、「好き」「どちらでもない」を含めて、「嫌い」と答えた人がもっとも多くなった。かつて、ペ・ヨンジュンが主演したドラマ『冬のソナタ』のファン層は「高齢女性」というイメージがあったが、60代女性では韓国嫌いが6割に迫り、女性の中で最多となっている。その理由として、東日本大震災（2011年3月）以降の「日本人」としての意識、誇り、絆の高まりを指摘する見方がある。

EXOやBTS（防弾少年団）はアジアを越えて世界的にも人気を呼んでいる。新たなブームを担い得るK-POPアーティストは女性グループだけでない。韓流ブームは日韓関係の悪化や日本での反韓感情の高まりなどによって、2013年～2014年頃に終焉したと言われているが、現在再び韓流は、生き返りつつあるようである。

독해 문제

본문을 읽고 다음 질문에 답하세요.

1. 「韓国が嫌い」と答えた「高齢女性」が多かったのはどうしてですか。

2. 韓流ブームが2013年～2014年頃に終焉したと言われる理由は何ですか。

3. 新たなブームを担い得る男性のK-POPアーティストは誰ですか。

중요어휘

人的交流 인적 교류
およそ 약, 대략
もっとも 가장
迫る 육박하다, 다가오다
防弾少年団 방탄소년단
悪化 악화
～つつある ～중이다, ～하고 있다
切っても切れない 끊으려야 끊을 수 없는
～割 ～할
かつて 일찍이, 전에
誇り 자랑
新たな 새로운
終焉する 종식되다
過半数 과반수
ファン層 팬층
絆 유대, 깊은 인연
担い得る 담당할 수 있다
再び 다시, 재차
抱く 품다
届く 닿다, 도달하다
高齢 고령
見方 견해
アーティスト 아티스트
生き返る 되살아나다

문형 & 표현

1. ～に渡って（ ～에 걸쳐서 ）

今度の台風は、日本全域に渡って大きな被害を及ぼした。

この番組では、4 回に渡ってオリンピックの歴史を紹介します。

2. ～ながら（ ～면서, ～면서도 ）

運転免許を持っていながら、彼は一度も運転したことがなかった。

田中さんのお子さんは、子どもながら将棋では大人も勝てないほど強い。

3. ～得る・～得る（ ～할 수 있다 ）：동사의 ます형에 연결하여 '가능'의 뜻을 나타냄.

運動不足は病気の原因になり得るので、できるだけ体を動かすようにしよう。

これは仕事を成功させるために考え得る最上の方法だ。

4. ～つつある（ ～중이다, ～하고 있다 ）：동사의 ます형에 연결하여 동작과 작용이 진행 중임을 나타냄.

スマートフォンの登場で、デジタルカメラの人気がなくなりつつある。

休みが増え、休憩施設ができ、職場環境は改善されつつある。

중요어휘

全域 전역	及ぼす 미치게 하다	運転免許 운전면허	将棋 장기
運動不足 운동부족	できるだけ 될 수 있는 대로, 가능한 한		動かす 움직이다
最上 최상	休憩施設 휴게시설	職場 직장	改善 개선

레벨업 응용독해

3-1 혐한

今、日本で広がっている嫌韓感情は、嫌いだという気持ちを越えた怒りの感情であり、伝染性の強いウイルスのように日本人を感染させている。日本での嫌韓デモや嫌韓犯罪は珍しくなく、日本の書店には嫌韓書籍があふれている。嫌韓団体は毎週のように嫌韓デモを行っており、日本のインターネットでは嫌韓関連の書き込みで埋め尽くされている。

1. 日本人の嫌韓感情はどのような感情か他の言葉で説明しなさい。

2. 日本人の嫌韓感情は何に例えられていますか。

3. 毎週のように嫌韓デモを行っているのはどこですか。

3-2 한국의 인상

2018年5月1日、韓国・中央日報によると、市場調査専門会社トレンドモニターが韓国国民を対象に「外交関係」についての認識調査を実施した結果、「好感の持てない国」の1位に日本が選ばれた。日本に続いて2位には中国、3位には北朝鮮、4位には米国、5位にはロシアが選ばれたという。記事では「韓国人が日本を最も嫌う重要な理由は歴史問題」と説明している。

1. 「好感の持てない国」の1位に選ばれたのはどの国ですか。

2. 韓国人が日本を最も嫌う重要な理由は何ですか。

3. 上記の調査を実施したところはどこですか。

알아보기

1. 일본의 우익 활동에 대해서 알아봅시다.

2. 'ヘイト禁止法(きんしほう)'라고 하는 것은 무엇입니까?

조별발표

▣ 다른 조의 발표를 듣고 내용을 정리해 봅시다.

① 발표자 이름

② 발표 테마

③ 발표 내용 정리

④ 발표를 들은 소감

MEMO

4과 第3次韓流

본문1

韓流の復活

しばらく低迷した日本での韓流は2017年頃から復活し、「3度目の韓流ブーム」が到来したと言われる。韓国・イーデイリーは、日本で10代の女性を中心に韓流ブームが起こる一方、韓国でも日本製品や日本旅行が人気になるなど、日韓両国の文化交流が全盛期を迎えていると報じた。

日本国内の最近の韓流ブームを主導するのは10代の女子中高生たちだ。「ファッションで参考にする国」は、20代の26%、10代の48%が韓国と回答した。日本の10代女子がけん引する今回のブームを、「3度目の韓流ブーム」とする。2003年のドラマ『冬のソナタ』の放送を受けた「ヨン様」ブーム、2010年の「少女時代」「KARA」など韓流ガールズグループの人気に続く3度目だ。

「以前のブームは嫌韓の向かい風を受け長続きしなかったが、今回は違う」というのが、専門家の分析だ。韓国コンテンツ振興院の副院長は、日本メディアとのインタビューで、「日本の最近の若い層は、スマートフォンの動画やSNSなどの新たなアプローチ方法に慣れており、ここでは製品・コンテンツの国籍を意識せずに好きなものを共有する」と分析した。この点が、対象が20代以上で接する媒体もテレビなどの既存メディアだった以前のブームとの大きな違いだという。

독해 문제

본문을 읽고 다음 질문에 답하세요.

1. 日本で10代の女性を中心に韓流ブームが起こったのはいつ頃ですか。

2. 本文にある「最近の韓流ブーム」とは何を指していますか。

3. 現在の韓流ファンは以前のファンに比べ何に慣れていますか。

중요어휘

しばらく 잠시, 한동안
復活する 부활하다
全盛期 전성기
参考 참고
向かい風 맞바람, 역풍
コンテンツ振興院 콘텐츠 진흥원
慣れる 익숙해지다
共有する 공유하다
メディア 미디어
低迷する 침체 상태에 머무르다, 저조하다
到来する 도래하다
迎える 맞이하다
回答する 회답하다
長続きする 오래 계속하다
国籍 국적
接する 접하다
一方 한편
報じる 보도하다
けん引する 견인하다, 이끌다
副院長 부원장
意識せずに 의식하지 않고
媒体 매체
製品 제품
主導する 주도하다
分析 분석
アプローチ 어프로치
既存 기존

본문 2

第3の韓流

いわゆる「第３の韓流」として、日本でK-POP歌手や韓国化粧品、韓国漫画などが人気を博している。

日本メディア「日経エンタテインメント」の調査によると、2016年「年間コンサート動員力ランキング」で韓国の男性アイドルグループBIGBANGが１位を占めた。彼らが2016年の一年間に開催したコンサートの動員数は合計185万人。2017年には100万人を越える観客を動員して２位に入った。ガールズグループTWICEは昨年末にNHKの『紅白歌合戦』に出演した。

KOTRAが発表した「2018年世界市場進出戦略」によると、「（日本での）第１次韓流は2003年から始まったドラマ『冬のソナタ』と俳優ペ・ヨンジュンに関するもの。第２次韓流は2010年を前後してK-POPアイドルグループがリードしたもの。第３次韓流は2017年から始まり、SNSを通じて日本の10代を中心に形成された」と定義した。KOTRA大阪貿易館は、「第１次韓流ブームを導いた母親世代の影響、YouTubeのような動画プラットホームとSNSの拡散が背景になっている」と説明した。

독해 문제

본문을 읽고 다음 질문에 답하세요.

1. 「第３の韓流」として人気を博したものを３つ挙げなさい。

2. 2017年に100万人を越える観客を動員して２位に入ったグループ名を挙げなさい。

3. 第３次韓流が起きた背景として考えられるのは何ですか。

중요어휘

いわゆる 이른바	化粧品 화장품	動員力 동원력	合計 합계
越える 넘다	観客 관객	市場 시장	進出 진출
戦略 전략	~に関する ~에 관한	~を前後して ~을 전후해서	
リードする 리드하다	~を通じて ~를 통해서	形成する 형성하다	定義する 정의하다
貿易館 무역관	導く 인도하다	プラットホーム 플랫폼	拡散 확산
背景 배경			

문형 & 표현

1. ～一方（～하는 한편, ～하는 반면 ）

弟は学校に通う一方、学費のためにアルバイトをしている。

一人暮らしは寂しさを感じることが多い一方、気楽だという良さもある。

2. ～ずに （ ～하지 않고 ）：ない형에 연결하여 부정의 의미를 나타낸다. する는 せずに가 된다.

このアプリを使えば、どこにいても待たずにタクシーに乗れる。

治療せずに放っておいたら、虫歯がひどくなってしまった。

3. ～を越える（～를 넘다 ）

今回の就職説明会には2000人を越える人々が集まった。

風車を背景に50万本を越える色とりどりのコスモスが広がっている。

4. ～を前後して （ ～를 전후해서 ）

年末年始はご指定の時間帯を前後してお届けする場合がございます。

大統領府は20日を前後して2泊3日の南北首脳会談を開催することを提案した。

중요어휘

学費 학비	寂しさ 외로움	気楽だ 마음 편하다	良さ 좋은 점
治療 치료	放る 내버려두다, 방치하다	虫歯 충치	就職 취직
色とりどり 형형색색, 가지각색		コスモス 코스모스	年末年始 연말연시
大統領府 청와대	南北首脳会談 남북정상회담		提案する 제안하다

레벨업 응용독해

4-1 한류의 부활

韓国観光公社が最近、再び韓流ブームが起きている日本で、韓国訪問の観光客の誘致に乗り出している。韓国観光公社は日本人の韓国訪問市場の活性化のため、福岡国際センターで大型消費者イベント「新韓流フェスティバル」を開いたと明らかにした。「韓流テーマ観光コンテンツ大集合」をテーマに開かれた今回のフェスティバルでは、韓国の8つの市·道、15の観光·韓流業者が参加した。

1. 韓国観光公社が最近乗り出したことは何ですか。

2. 韓国観光公社が「新韓流フェスティバル」を開いた理由は何ですか。

3. 今回のフェスティバルに参加した観光·韓流業者数を書きなさい。

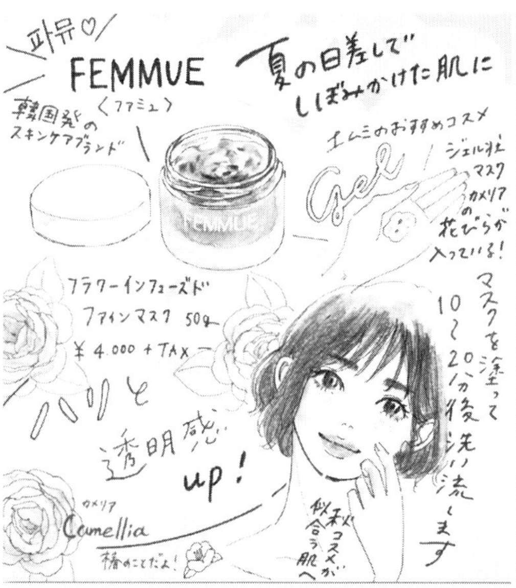

4-2 3차 한류

新世界免税店は6月・10月にアイドルグループ「アストロ」「ガッセブン」などのファンミーティングを開催した。9月には「2018ツーリズムエキスポジャパン」に出席し、日本人向けインスタグラムを運営した。免税業界が日本人観光客の攻略に力を入れる理由は、それだけ訪問客が増えたためだ。今年に入って、日本人入国者数は大きく増えた。法務部によると、2018年1~10月に韓国を訪問した日本人入国者数は前年同期比、25.3%増の241万3932人と集計された。

1. 免税業界が日本人観光客の攻略に力を入れる理由は何ですか。

2. 免税業界が日本人向けに行ったことを書きなさい。

3. 前年同期比、25.3%増加したのは何ですか。

알아보기

1. 한일 간의 문화교류 중에서 하나를 골라 설명하세요.

2. KOTRA가 하는 일은 무엇인지 알아봅시다.

조별발표

▣ 다른 조의 발표를 듣고 내용을 정리해 봅시다.

① 발표자 이름

② 발표 테마

③ 발표 내용 정리

④ 발표를 들은 소감

MEMO

5과 K-POPの日本進出

본문1

日本でのK-POPの人気

日本に吹いている韓流ブームは、まだまだ収まる気配はないようだ。K-POPはブームの時期に波はあるが、常に高い水準の人気を保っている。ブームが落ち着いた時期でも、メディアに出ないだけでイベントやライブの動員数は半端ない。

過酷なレッスンを受け、激しい競争を勝ち抜いてようやくデビューする韓流アイドルたちだが、日本のアイドルは訓練を受けてデビューする人もいれば、街でスカウトされてデビューする人もいる。その点では韓国とあまり変わらない。ただ、圧倒的に違うのはデビューまでの時間だ。

韓国はデビューまで数年の訓練は当たり前だ。その上で、「完成品」として世に送り出す。一方、日本のアイドルは芸能事務所に入ったら即デビューし、「原石」のまま芸能活動をさせて、ダンスや歌の実力は芸能活動のなかで磨いていくシステムだ。

音楽市場が小さい韓国では、トップスターになることがアイドルとして稼ぐための絶対条件だ。韓流アイドルが将来を考えたら、日本や中国などへの海外進出が必要となる。だからこそ、まだデビューも決まっていない頃から、日本語などを猛勉強し、海外進出を目指すのだ。

독해 문제

본문을 읽고 다음 질문에 답하세요.

1. 韓流アイドルたちと日本のアイドルたちと圧倒的に違うのは何ですか。

2. 「原石」のまま芸能活動をさせているのはどこの国ですか。

3. 韓流アイドルが海外進出を目指す理由は何ですか。

중요어휘

収まる 가라앉다, 진정되다	気配 기미, 기색	波 파도, 물결	常に 항상
水準 수준	保つ 유지하다	落ち着く 안정되다	半端ない 엄청나다
過酷だ 가혹하다	レッスン 레슨	激しい 격하다	競争 경쟁
勝ち抜く 이겨 내다	ようやく 겨우, 간신히	訓練 훈련	~もいれば ~도 있는가 하면
ただ 단, 다만	圧倒的 압도적	その上で 그런 후에	完成品 완성품
世 세상	送り出す 내보내다	芸能事務所 연예 사무소	即デビュー 전격데뷔
原石 원석	磨く 갈고 닦다, 연마하다	稼ぐ 돈을 벌다	絶対条件 절대조건
だからこそ 그러므로, 그렇기 때문에		猛勉強 필사적으로 공부하는 것	
目指す 지향하다, 노리다			

본문2

K-POPの日本進出

欧米やヨーロッパ、南米、東南アジア、最近は中東でも人気だが、日本での人気は他の国と比べても、かなり高いと言える。その背景に「K-POPのチーム力」があると言われている。事務所同士で対立するのではなく、「K-POP」というコンテンツを共に海外に発信しようとする思いがあるようだ。事務所の枠を越えたイベント（KCONなど）を積極的に海外展開し、ファンを増やす。そして、そのイベントが注目されれば、グループの海外進出にもつながる。

世界中でK-POPが人気と言っても、やはり一番の盛り上がりを見せているのは日本だ。他の国ではライブをするだけだが、日本では日本語でリリースし、日本デビューする。日本は音楽市場世界２位だ。CD総売上では韓国の30倍に達する。そこで売れたいと思わない事務所はないだろうし、日本はアイドル文化が確立されている。アイドル文化が全くない国よりも、すでにアイドル文化がある国の方が圧倒的に活動しやい。しかも、日本は近い。このような様々な理由から、K-POPは日本に進出しやすい環境となっているのだ。

독해 문제

본문을 읽고 다음 질문에 답하세요.

1. K-POPのチーム力とは何ですか

2. K-POPが日本デビューする方法は何ですか。

3. K-POPが日本に進出しやすい理由は何ですか。

중요어휘

南米 남미
中東 중동
同士 ~끼리
対立する 대립하다
共に 함께
発信する 발신하다
枠 테두리, 틀
全く 전혀
盛り上がり 고조된 분위기, 열기
しかも 게다가, 더구나

문형 & 표현

1. ～抜く (끝까지 ～해내다, 해치우다) : 동사의 ます형에 연결된다.

マラソンの精神とは、負けても最後まで走り抜くことだ。

一度やると決めたことは、途中であきらめないでやり抜くことが大切だ。

2. ～上で (～한 후에, ～하는 데 있어서) : 동사 과거형 또는 명사 の上で가 연결되면 '～후에, ～하고나서'라는 뜻을 나타내며, 동사의 기본형 또는 명사 の上で가 연결되면 '～하는 데 있어서'라는 뜻이 된다.

どこの大学を受験するか、両親とよく話し合った上で決めます。

内容をよく確認の上で、サインをお願いします。

3. ～に達する (～에 달하다)

来週には目標の販売数に達する見込みだ。

仕事を増やしてから2ヶ月、ついに疲れはピークに達した。

4. ～ない～はない (～하지 않는 ～는 없다)

優秀な人材なら、来てほしいと思わない会社はないだろう。

行けば必ず景品がもらえる。行かない人はいないだろう。

중요어휘

マラソン 마라톤	負ける 지다	あきらめる 포기하다
目標 목표	販売数 판매수	見込み 전망
ついに 마침내, 결국	ピーク 절정, 최고조	景品 경품

레벨업 응용독해

5-1 일본에서의 케이팝의 인기

国境はあるが、文化の壁が崩れたのはかなり以前のことだ。このごろは各種SNSの発達で文化の壁を容易に出入りできるようになっている。Kポップも同様だ。Kポップグループは、さまざまなグローバルプラットホームを通じて、自分のコンテンツをPRしている。韓国ファンはもちろん、世界のファンもこれに反応しており、KポップはKカルチャーの主軸として多くの人気を集めている。

1. 文化の壁が崩れた理由を一つ書きなさい。

2. Kポップグループが使っている自分のPR方法は何ですか。

3. Kカルチャーの主軸となっているものは何ですか。

5-2 케이팝의 일본진출

音楽放送Mnetのサバイバルオーディション、「プロデュース48」を通じて選ばれたガールズグループアイズワンが、日本フジテレビが主催する年末歌謡祭「FNS」に出演した。フジテレビは日本の地上波だ。「FNS歌謡祭」はNHKの「紅白歌合戦」、テレビ朝日の「ミュージックステーションスーパーライブ」、TBSの「日本レコード大賞」と共に4大年末歌謡祭に挙げられるほど人気が高い。このような舞台で、韓国デビュー1ヵ月、日本ではアルバムを出さなかったグループが日本デビューの舞台を持ったのである。

1.「プロデュース48」とは何ですか。

2. アイズワンが出演した舞台は何ですか。

3. 下線部「このような」は何を指していますか。

알아보기

1. 일본에 진출한 K-POP 가수를 본문 이외에서 한 팀(한 명) 골라 조사해 봅시다.

2. 좋아하는 J-POP 가수를 한 명 골라 조사해 봅시다.

조별발표

▣ 다른 조의 발표를 듣고 내용을 정리해 봅시다.

① 발표자 이름

② 발표 테마

③ 발표 내용 정리

④ 발표를 들은 소감

MEMO

6과 BIGBANGと東方神起

본문1

BIGBANG

BIGBANG（ビッグバン）は、韓国出身の５人組男性アーティストグループである。メンバーはG-DRAGON、T.O.P、SOL、D-LITE、V.Iの５名だ。2006年に韓国でデビューした。K-POPシーンのトップアイドルとして活躍すると、日本でも話題になり、2009年にシングル「MY HEAVEN」で本格的な日本メジャー・デビューをする。

2012年には「FANTASTIC　BABY」が世界的ヒットを記録した。2014～2015年にかけては日本５大ドームツアーを成功させるなど精力的にライブを開催し、日本でも確固たる地位を築いている。2016年「年間コンサート動員力ランキング」では１位を占めた。2017年の『MADE』までオリジナル・アルバム５枚を発売している。

2018年１月６日から１月７日には、D-LITEソロツアー「DなSHOWVol.1　THE　FINAL　IN　HAWAII.」が開催され、７日の公演はニコニコ生放送で生中継された。

韓国には義務兵役の制度が存在するため、2017年２月、最年長メンバーであるT.O.Pが韓国軍に入隊し、残りの４人のメンバーも2018年に入隊した。全メンバーが兵役に就くこととなり、グループは2018年より約２年間活動を休止する。

독해 문제

본문을 읽고 다음 질문에 답하세요.

1. BIGBANGが本格的な日本メジャー・デビューで出したシングルは何ですか。

2. BIGBANGが日本で確固たる地位を築くまでどんなことがありましたか。 2つ挙げなさい。

3. BIGBANGが約2年間兵役に就くことになった理由は何ですか。

중요어휘

出身 출신
5人組 5인조
活躍する 활약하다
本格的 본격적
記録する 기록하다
精力的 정력적
確固たる 확고한
地位 지위
築く 쌓다
生放送 생방송
生中継 생중계
義務兵役 의무병역
制度 제도
最年長 제일 나이 많은
入隊する 입대하다
兵役に就く 군 복무를 하다, 군대에 가다
休止する 쉬다

본문2

東方神起

東方神起は、韓国出身の男性デュオである。2003年結成し、2004年に韓国でデビューした。2005年に日本デビュー。2010年までは５人組ボーカルグループで活動していたが、2009年７月、メンバーのうちジェジュン、ユチョン、ジュンスの３人が所属事務所に対する専属契約件で争い、５人での活動が無期限休止された。翌2011年１月、事務所に残ったユンホ、チャンミンは「東方神起」でカムバックし、以降は２人で活動している。事務所を離籍した３人は2010年４月より「JYJ」として活動する。

2015年、ユンホ、チャンミンは兵役義務のため活動を休止したが、2017年に除隊し、約２年に及ぶ兵役を終了した。２人は2017年８月21・22日の２日間でソウル・東京・香港を回る『東方神起 ASIA PRESS TOUR』を行った。グループとしての活動を再開したのだ。以降は日本での活動を優先的に行っていたが、2018年３月、８集『NEW CHAPTER＃1:THE CHANCE OF LOVE』を発表して韓国歌謡界にカムバックした。活動休止をしていた東方神起にとって、今回が約４年ぶりとなる本格的なカムバックであった。アルバムは韓国国内のアルバムチャート日間１位を獲得し、iTunes総合アルバムチャートでも全世界13地域で１位となった。さらにガオンチャートでも週間１位を獲得して国内外に"王の帰還"を知らせた。

독해 문제

본문을 읽고 다음 질문에 답하세요.

1. 5人組だった東方神起が2人になったのはなぜですか。

2. 5人組が2人になったことで、東方神起というチーム名はなくなりましたか。また、その2人の名前を挙げなさい。

3. 本格的な東方神起のカムバックは何年ぶりでしたか。

중요어휘

デュオ 듀오	結成する 결성하다	ボーカル 보컬	所属 소속
専属契約 전속계약	争う 다투다	無期限 무기한	カムバック 컴백
離籍する 이적하다	除隊する 제대하다	~に及ぶ ~에 달하다	優先的 우선적
歌謡界 가요계	~にとって ~에 있어서	獲得する 획득하다	地域 지역
さらに 게다가, 더욱 더	帰還 귀환		

문형 & 표현

1. ～と（～하더니, ～하자）

彼は何を思ったのか急に振り向くと、笑いながら私に話しかけてきた。

宝くじに当たったとわかると、彼女は誰とも連絡を取らずに引っ越してしまった。

2. ～たる（～한）

社長の堂々たる話し方は、誰からも一目置かれる。

自然の荘厳たる美しさに心を奪われた。

3. ～に及ぶ（～에 달하는）

ここは、16キロに及ぶ美しい海岸線を持つ港町だ。

経済の危機が全世界に及ぶことが懸念されている。

4. ～にとって（～에 있어서）

このサッカーチームにとって、彼はなくてはならない存在だ。

現代人にとって、ごみをどう処理するかは大きな問題だ。

중요어휘

振り向く 돌아보다	話しかける 말을 걸다	宝くじ 복권	当たる 당첨되다
連絡を取る 연락을 취하다	堂々たる 당당한	一目置く 실력을 인정하여 경의를 표하다	
荘厳たる 장엄한	奪う 빼앗다	海岸線 해안선	港町 항구도시
懸念する 걱정하다	処理する 처리하다		

레벨업 응용독해

6-1 빅뱅

ビックバンが正規アルバム「MADE」以来、1年3カ月ぶりに未発表曲「花の道」を公開した。5人のメンバーが全員参加したビックバン完全体の曲だけに、空白を惜しむファンにとってはサプライズプレゼントとなった。メンバーの軍入隊が相次いだ中で発売された「花の道」は、メンバーの一人の軍入隊日に合わせて公開された。ビックバンのリーダーでありプロデューサーでもあるジディーが今回の作曲にも参加し、歌詞には、「別れの寂しさ」をファンに伝えている。

1. 「花の道」の前に発売されたビックバンの正規アルバムは何ですか。

2. 「花の道」は何人のメンバーで作り上げましたか。

3. ビックバンのリーダーでありプロデューサーでもあるメンバーは誰ですか。

6-2 동방신기

アイドルファンダムの遊び空間「ファンアンドスター」は、「チェ·ガンチャンミンの誕生日プロジェクト」を進めていると発表した。チャンミンの誕生日マーケットは、ファンが寄付する星(ポイント)の数によって成功するかどうかが決まるサポート形式のプロジェクトだ。国内とともに海外ファンも参加できる。10万個の星が集まれば、東京新大久保駅から100メートル距離の電光板で、チャンミンの誕生日を祝う映像が上映される。星が20万個になれば、日本とソウル地下鉄の電光板で上映、星が50万個になるとトレブルバスの広告も進められる。

1. 「ファンアンドスター」とは何ですか。

2. 「チェ·ガンチャンミンの誕生日プロジェクト」とはどんなプロジェクトですか。

3. トレブルバスの広告が進められるのは星がいくつになった時ですか。

알아보기

1. 동방신기의 분열에 대한 일본인의 반응을 찾아보세요.

2. 동방신기의 재결합가능성을 본인의 생각대로 써 보세요.

조별발표

▣ 다른 조의 발표를 듣고 내용을 정리해 봅시다.

① 발표자 이름

② 발표 테마

③ 발표 내용 정리

④ 발표를 들은 소감

MEMO

7과 BTS

본문1

BTS

BTSは2013年６月13日にデビューした韓国の男性ヒップホップグループである。メンバーは、自身らで楽曲プロデュースや振り付けを手がけるBIGBANGをロールモデルに挙げ、自らも作詞作曲を行い、積極的にアルバム製作作業に参加している。特にラッパーの３人は、自身のラップパートのほとんどを作詞している。

デビュー年には新人賞を獲得、アルバムも相次いで発売しライブツアーを行うなど精力的に活動を続けた。青春の悩みや不安を描いた「I NEED U」や「DOPE」などにより、徐々に注目を集めるようになった。

2017年に発売したミニアルバム『LOVE YOURSELF 承「Her」』では、ビルボード200で７位を獲得し、さらに記録を更新し、2018年５月に発売した『LOVE YOURSELF 転「Tear」』で、アジア圏出身者としては初めてビルボード200で１位を獲得した。

世界中で爆発的人気のBTSは、2018年８月25日のソウル公演を皮切りに、「LOVE YOURSELF」と題するワールドツアーを開催、北米・カナダ・ヨーロッパを回り、10月20日のパリ公演まで、12都市24公演を見事に成功させた。

독해 문제

본문을 읽고 다음 질문에 답하세요.

1. BTSは、BIGBANGの何(なに)をロールモデルにしましたか。

2. 「I NEED U」や「DOPE」の主(おも)なテーマは何(なん)ですか。

3. BTSはどの国(くに)でツアーを行(おこな)いましたか。

중요어휘

楽曲(がっきょく) 악곡
~を手(て)がける ~을 담당하고 있는
ラッパー 랩 가수, 래퍼
青春(せいしゅん) 청춘
~と題(だい)する ~라는 제목의

プロデュース 프로듀스
ロールモデル 롤모델
相次(あいつ)いで 잇따라
徐々(じょじょ)に 서서히
見事(みごと)に 훌륭하게, 멋지게

振(ふ)り付(つ)け 안무
自(みずか)ら 몸소, 스스로
精力的(せいりょくてき)に 정력적으로, 왕성하게
さらに 더욱 더

본문 2

BTSと来日ツアー

ワールドツアーを終えたBTSは、2018年11月から2019年1月にかけて、来日ツアーを開催した。「BTS WORLD TOUR 'LOVE YOURSELF' ～JAPAN EDITION～」と題するジャパン・ツアーは、初のドームツアーとなった。日本においては全4都市9公演を行い、東京を初め、名古屋・大阪・福岡と各都市のドームを回る公演となった。約380,000人が来場した。

BTSの日本公演前にはメンバーが着たTシャツのことで日本のテレビや右翼を中心に反韓現象があった。「原爆を落とされて敗戦して、ああいう目に遭った日本人の心を韓国人に分かれというのは違うかもしれないが、国際的に活躍しているアーティストなら、それはやってはいけないことだと自覚しておかなければならない」などと言われた。

日本と韓国は歴史的に根深い国民感情はあるものの、韓流ブームにそこまで大きなダメージはないように思われる。今の韓流ブームの後押しをしているのは、ヨン様や韓流ドラマにはまったシニアや奥様世代ではなく、女子中高生などの若い女性たちであるからだ。この世代の最大の特徴は、自分たちの愛するものと、日本と韓国の間に横たわる歴史問題を全く切り離している点にある。

독해 문제

본문을 읽고 다음 질문에 답하세요.

1. BTSの日本での初のドームツアーの題は何ですか。

2. BTSの日本公演前に起こった事件は何ですか。

3. 歴史的な国民感情があっても、韓流ブームが大きなダメージを受けないのはなぜですか。

중요어휘

来場する 공연장에 찾아오다
目に遭う ~한 일을 당하다
後押し 후원, 뒤에서 미는 것
横たわる 가로놓이다
右翼 우익
根深い 뿌리 깊다
はまる 빠지다, 열중하다
全く 완전히
原爆 원폭
ダメージ 피해, 타격
シニア 연장자
切り離す 떼어 생각하다, 분리하다

문형 & 표현

1. ~を手がける（~을 운영하다, 담당하다）

オンラインショップ「楽天市場」を手がける楽天株式会社によるセミナーが開かれた。

作曲家の久石譲さんは、ジブリの宮崎駿監督作品の音楽を手がけている。

2. ~と題する（~라는 제목의）

今月から「科学と社会」と題する新しいコーナーが始まる。

「料金未納に関する訴訟通知書」と題する不審なハガキにご注意ください。

3. ~目に遭う（~한 일을 당하다）

スマホをなくして、今日は本当にとんだ目に遭った一日だった。

ひどい目に遭った時、「でっかい運が来るかな」と思うようにしている。

4. ~ものの（~인데도）

頭では分かっているものの、実際に説明するのは難しい。

一流大学を卒業したものの、就職難で仕事が見つからない。

중요어휘

未納 미납	訴訟 소송	通知書 통지서
不審だ 수상하다	とんだ 곤란한, 엄청난	でっかい 크다, 큼직하다

레벨업 응용독해

7-1 비티에스

今月18日に出国した防弾少年団は19日、シンガポール国立競技場で「LOVE YOURSELF」グローバルツアー公演を行った。昨夏、ソウルソンパグ·チャムシルのメインスタジアムでの公演から始まった今回のツアーは、2月16日と17日の日本福岡ドーム、3月30日と21日、23日、24日の香港アジアワールドエキスポ·アリーナ、4月6日と7日のバンコク·ラザマンガラ国立競技場での公演を予定している。

1. 防弾少年団の「LOVE YOURSELF」ツアーはどこから始まりましたか。

2. 本文中で、「LOVE YOURSELF」ツアーがすでに終わっている国はどこですか。

3. これから公演が予定されている国をすべて挙げなさい。

7-2 비티에스와 일본투어

名古屋ドーム防弾少年団コンサートで、ジミンは「ピンクのヘアスタイル」で観客を圧倒した。ワールドワイドトレンドをはじめ、56カ国でリアルタイムのトレンドを席巻した。防弾少年団は、「ラブ·ユア·セルフ·ツアー」名古屋ドームコンサートで、名声にふさわしい舞台を披露し、盛況裏に公演を終えた。アイドルチャート「2019年の主人公となるイノシシ年アイドルアンケート」投票1位になった防弾少年団ジミンの今後の活動がさらに期待される。

1. 防弾少年団は世界何カ国でリアルタイムのトレンドを席巻しましたか。

2. 名古屋ドームコンサートのツアータイトルは何ですか。

3. 2019年のイノシシ年アイドルアンケート投票1位になったメンバーは誰ですか。

알아보기

1. BTS 맴버 중 한 명을 골라 조사해 봅시다.

2. BTS의 티셔츠사건을 자세히 알아봅시다.

조별발표

▣ 다른 조의 발표를 듣고 내용을 정리해 봅시다.

① 발표자 이름

② 발표 테마

③ 발표 내용 정리

④ 발표를 들은 소감

MEMO

8과 K-FOOD

본문1

ソルビン

ソルビンが誕生したのは韓国第２の都市釜山である。創業者であるチョン・ソンヒ氏がソルビンの着想を得たのは、日本に留学した時だと言う。ソンヒ氏は日本の伝統的な和菓子が、時代とともに形を変えて今でも若い世代に好まれていることに驚くと同時に、韓国でも古くから親しまれているパッピンスや、インジョルミを利用した新しいスイーツができないかと考えた。その結果生まれたのがインジョルミ・ソルビンだ。

かき氷なのに、口に入れた時に冷たさを感じない、粉雪のようなふわふわで滑らかな食感のソルビンという新感覚のデザートが若者を中心に評判になった。釜山に一号店をオープンすると、口コミでブレークし、瞬く間に韓国全土に店舗が広がった。

日本への初上陸は2016年６月だった。若者の街と言われる新宿に一号店がオープンすると、長い行列ができるほど人気を集めた。四季折々の果物や、韓国で昔から使われていた食材をアレンジしたかき氷は日本人の心をつかんだ。ソルビンは世界各国に500店舗以上オープンし、世界の人々に愛されている。

독해 문제

본문을 읽고 다음 질문에 답하세요.

1. ソルビンの創業者がソルビンに着想したきっかけは何ですか.

2. ソルビンは何を通して新感覚のデザートとして若者に評判になりましたか。

3. 長い行列ができるほどソルビンが日本人の心をつかんだ理由は何ですか。

중요어휘

着想 착상　和菓子 일본식 과자　~とともに ~과 함께　形 형태

好む 좋아하다, 즐기다　親しむ 친숙하다　スイーツ 달콤한 디저트　かき氷 빙수

粉雪 눈가루　ふわふわ 푹신푹신　滑らかだ 매끈매끈하다, 반들반들하다

食感 식감　デザート 디저트　評判になる 소문이 나다, 인기를 얻다

口コミ 입 소문　ブレークする 큰 인기몰이를 하다　瞬く間に 눈 깜짝할 새에

全土 전토, 전국　店舗 점포　初上陸 첫 상륙

行列ができる 줄을 서다, 줄이 생기다　四季折々 제철　食材 식재료

アレンジする 각색하다, 변형시키다　心をつかむ 마음을 사로잡다

본문 2

BTS効果

世界的人気を誇る韓国の男性グループ、BTSの人気によって韓国の食品が欧州で大きなPR効果を上げている。

韓国農水産食品流通公社は、BTSの欧州ツアーに合わせて現地で伝統食品などのマーケティングを展開している。パリで開かれたBTSの公演では会場の一角にVIPラウンジを設け、フランス食品大手のバイヤーたちにキムチやミソ、しょうゆなどを紹介した。韓国の発酵食品や食材を使ってフランス風にアレンジした料理も登場した。通常、これら大手のバイヤーを広報イベントに招くのは困難だが、アルバムが２作連続で米ビルボード１位になるなど世界的旋風を巻き起こしたBTSの公演を鑑賞できることもあって約40人が参加した。

関係者によると、「BTSが韓国というブランドを広く知らしめてくれたおかげで、われわれの食品も恩恵を授かった」と話す。実際、BTSの欧州のファンは母親とともに公演会場を訪れるだけでなく、親子で韓国語や韓国料理に興味を持つことが多くなっているという。ファンたちは交流サイト（SNS）などでBTSだけでなく韓国の文化も話題にしている。

독해 문제

본문을 읽고 다음 질문에 답하세요.

1. 韓国の食品が欧州で大きなPR効果を上げている理由は何ですか。

2. フランス食品大手のバイヤーたちが韓国食品などのマーケティング会場に参加した理由は何ですか。

3. BTSの人気が韓国に与えた影響を挙げなさい。

중요어휘

- 誇る 자랑하다
- 一角 한구석
- バイヤー 바이어
- 招く 불러오다, 초대하다
- 鑑賞する 감상하다
- 授かる (내려)주시다, 받다
- 農水産食品 농수산 식품
- ラウンジ 라운지
- 発酵食品 발효식품
- 困難だ 곤란하다
- ~こともあって ~라는 점도 있어서
- 親子 부모와 자식
- 公社 공사
- 設ける 만들다, 설치하다
- 通常 보통
- 旋風 선풍
- マーケティング 마케팅
- 大手 대기업
- 広報 홍보
- 巻き起こす 일으키다
- 知らしめる 알리다, 인지시키다

문형 & 표현

1. ～とともに（～과 함께, ～과 동시에）

世界はスマートフォンの普及とともに、大きく変化した。

冬が過ぎ、気温が高くなるとともに次々と花が咲き始めた。

2. ～を中心に（～를 중심으로）

来週のタイ旅行は、バンコクを中心に観光しようと思っている。

今回の台風の被害は、鹿児島を中心に九州地方全域に広がった。

3. ～の一角に（～의 한 구석에）

私が通った塾は住宅街の一角にある。

その神社の境内の一角に子供用の遊具が設置してある。

4. ～こともあって（～라는 점도 있어서）

病弱なこともあって、少年は読書を友として育った。

当初は期間限定の予定だったが、好評だったこともあってそのまま継続販売となった。

중요어휘

塾 학원	住宅街 주택가	境内 경내, 구내	遊具 놀이 도구
設置する 설치하다	病弱だ 병약하다	限定 한정	

레벨업 응용독해

8-1 케이푸드

ハンスンヨンは今月、大阪インテックス(OSAKA INTEX)で単独ファンミーティングを開催した。彼女先月、東京で単独ファンミーティングを行い、2千人のファンを集め、東京新聞を飾ったばかりである。「2018日韓ぐるタメフェス in 大阪」は、韓国観光公社、日本大阪観光局が共同主催した、韓日両国の料理とエンターテイメントをテーマにした超大型フェスティバルで、韓日両国間の交流のための場であった。

1. ハンスンヨンが今月行った単独ファンミーティングの場所はどこですか。

2. ハンスンヨンが2千人のファンを集めた場所はどこですか。

3. 「2018日韓ぐるタメフェス in 大阪」は何のために開催されましたか。

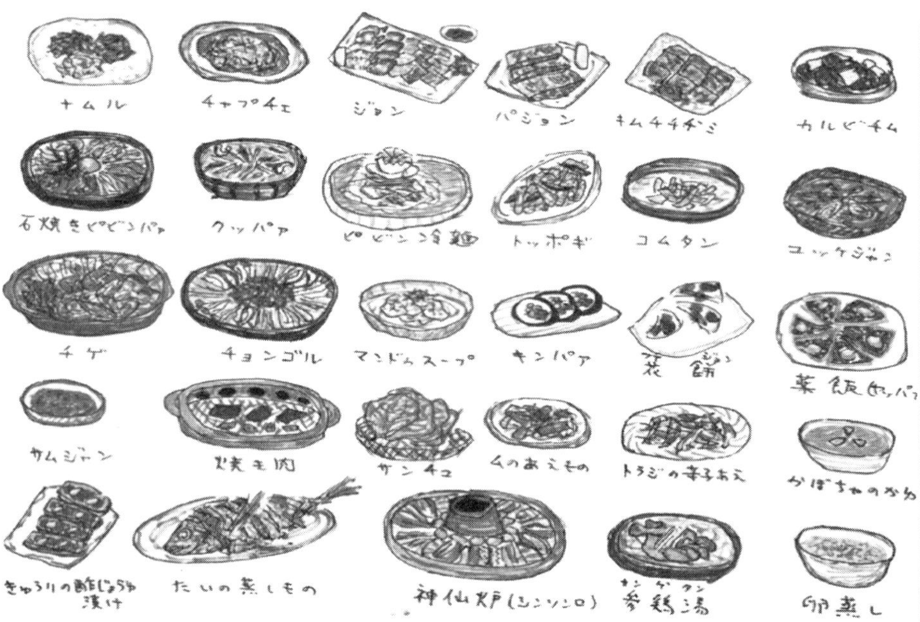

8-2 설빙

日本においてソルビンは、若者を中心に口コミによって大きな人気を博している。ソルビンのメニューは新鮮でコスパなデザートとして日本人に認識されていると言われる。健康に良い材料を活用したデザートの人気がソルビンの「きな粉もち」と重なり、その人気が高まっているという。韓国の伝統食材を利用したソルビンは、韓国的な感性とメニューが加わり、老若男女の食欲をそそっている。

1. 日本においてソルビンはどの年齢層を中心に人気を得るようになりましたか。

2. ソルビンはどんなデザートとして日本人に認識されていますか。

3. ソルビンはどんな食材を利用して作られていますか。

알아보기

1) K-POP과 국가브랜드이미지가 어떻게 연결되는지 찾아보세요.

2. 해외에서 열리고 있는 정부주도 행사에 K-POP의 참여 예를 찾아보세요.

조별발표

▣ 다른 조의 발표를 듣고 내용을 정리해 봅시다.

① 발표자 이름

② 발표 테마

③ 발표 내용 정리

④ 발표를 들은 소감

MEMO

9과 ゲームとウェブトゥーン

본문1

ゲーム

1980年代後半からだんだんと成長して、今では世界有数の規模を誇る韓国ゲーム市場。その多くが日本にも入ってきている。現在の韓国においては、オンラインゲームは音楽および映像系などと十分に肩を並べるほどの巨大市場にもかかわらず、確固とした調査資料がなく、「うわさ」やインターネット掲示板などでの「評判」によって動いていた。

そこへ登場したのが、PC BANG（インターネットカフェ）だ。専門的マーケティング会社が自社開発のモニタリングプログラムをPC BANGのマシンに仕込み、信頼性のあるデータを収集し、それを分析してゲーム関連業界に提供した。韓国全域の２万1800店舗のPC BANGの中からゲーム利用者のデータを測定分析しているのだ。プレイされているゲーム、その利用時間などを正確に収集して分析されたこのデータは、マーケティング、戦略決定、投資、PC BANG自体のゲームの購買などあらゆる部分で使われている。

韓国のゲームがそのまま日本での人気とつながらない場合もあるが、韓国産ゲームは日本でも大人気になっている。

독해 문제

본문을 읽고 다음 질문에 답하세요.

1. 以前の韓国ゲーム市場はどのように動いていましたか。

2. PC BANGから信頼性のあるデータを収集できる理由はなんですか。

3. 韓国全域のPC BANGからゲーム利用者のデータを測定分析しているのはなぜですか。

중요어휘

有数 유수, 굴지
規模 규모
映像系 영상 종류
肩を並べる 어깨를 겨루다
巨大市場 거대시장
~にもかかわらず ~에도 불구하고
確固とした 확고한
インターネット掲示板 인터넷 게시판
評判 평, 평판, 소문
専門的 전문적
仕込む 안에 넣다, 장착하다
信頼性 신뢰성
収集する 수집하다
提供する 제공하다
測定 측정
戦略 전략
投資 투자
購買 구매
あらゆる 모든

본문 2

ウェブトゥーン

ウェブトゥーンとは、韓国発のデジタルコミックの一種である。「WEB」と「Cartoon」が合体した造語である。当初ウェブトゥーンはその他の国では人気がなかったが、スマートフォンやパソコンで漫画が読まれ、国際的に人気が高まった。デジタルコミックの人気が高まっていったため韓国の漫画出版数は減少し、その代わりにウェブトゥーンとしてリリースされたものが出版物と同等になった。

ウェブトゥーンは、ネット社会の韓国では３人に１人が１か月に一度は見ていると言われるほど人気があるそうだ。日本語版もあるが、韓国語のままのウェブトゥーンも少なくない。生きている韓国語が多く使われているので、韓国語の勉強にも役に立つ。

2013年に日本でのサービスを開始したLINEマンガのユーザー数は、この５年間で2000万人を突破した。また、有料コミックのダウンロード数は15億冊を超え、無料連載作品も1800タイトルを超えているという。さらに、2018年内をめどに、NAVER WEBTOONが国内で展開している無料ウェブマンガサービス「XOY（ジョイ）」（月間利用者数230万人）をLINEマンガに統合する予定だという。このためLINEマンガは、さらなるサービス拡大を目的に、韓国の電子漫画大手NAVER WEBTOONから総額86億円の資金を調達した。

독해 문제

본문을 읽고 다음 질문에 답하세요.

1. 当初他の国では人気がなかったウェブトゥーンがなぜ読まれるようになりましたか。

2. ウェブトゥーンが韓国語の勉強にも役に立つ理由はなんですか。

3. LINEマンガがサービス拡大をするのは何のためだと思いますか。

중요어휘

ウェブトゥーン 웹툰	デジタルコミック 디지털 코믹		一種 일종
合体する 합체하다	造語 조어	出版物 출판물	同等 동등
突破する 돌파하다	~をめどに ~을 목표로	統合する 통합하다	さらなる 한층 더
大手 대기업	総額 총액	資金 자금	調達する 조달하다

문형 & 표현

1. ～にもかかわらず（～에도 불구하고）

市民の要望にもかかわらず工事は続行された。

最善の努力をしたにもかかわらず結果は良くなかった。

2. ～によって（～로 의해）

その問題は話し合いによって解決できると思われる。

今回のアンケート調査によって社員の不満が明らかになった。

3. ～ほど（～만큼）

肘を机の角にぶつけて、泣きたいほど痛かった。

山登りに行って、もう一歩も歩けないほど疲れた。

4. ～をめどに（～를 목표로）

この仕事は今週をめどに仕上げて下さい。

今回の報道を受けて、年内をめどに改修工事を完了させることに決まった。

중요어휘

要望 요망	続行する 계속하다	不満 불만	山頂 산꼭대기
肘 팔꿈치	仕上げる 끝내다, 마무리하다	改修 개수, 수리	

레벨업 응용독해

9-1 게임

韓国メディア・アジア経済は、「韓国のゲーム業界が1990年代の日本のゲーム業界と同じ道をたどる危機にある」と報じた。記事によると、大手オンラインゲーム企業ネクソンの創業者キム・ジョンジュ代表が最近、引退を宣言した。このことで韓国では「ゲーム業界の成長停滞」を懸念する声が上がっているという。90年代に日本の業界で見られた「シリーズ化現象」が、韓国でも起きていると指摘している。任天堂、セガなどの日本企業は、80年代に大ヒット作を生み成功を収めたが、新作よりも後継作を送り出すことで、安定した経営を追求したのである。

1. ネクソン創業者の引退宣言により何が懸念されていますか。

2. 韓国でも起きていると指摘されているのはどんな現象ですか。

3. 任天堂、セガなどの日本企業はどんな経営方法に力を入れましたか。

9-2 웹툰

マンガ大国と呼ばれる日本のウェブトゥーンアプリ1位は、2013年に発売したネイバーの子会社の「ラインマンガ」だ。また、2016年にカカオが送り出した「ピッコマ」の成長速度には驚かされる。昨年同期比、利益が391%増で、今年第2半期でも204%の伸びを記録した。カカオジャパンはこのような成長に支えられ、2020年に日本株式市場の上場を準備している。

1. 日本のウェブトゥーンアプリ1位は何ですか。

2. 2016年にカカオが送り出したアプリは何ですか。

3. 2020年に日本株式市場の上場を準備している会社はどこですか。

알아보기

1. 일본에 진출해 있는 게임회사를 찾고 어떤 것이 인기가 있는지 적어봅시다.

2. 일본에서 서비스되고 있는 웹툰을 하나 골라 정리해 봅시다.

조별발표

▣ 다른 조의 발표를 듣고 내용을 정리해 봅시다.

① 발표자 이름

② 발표 테마

③ 발표 내용 정리

④ 발표를 들은 소감

MEMO

10과 韓国ドラマ

본문1

人気の韓国ドラマ

韓国ドラマは、韓国で製作されたテレビドラマのことで、略称は韓ドラと言う。韓国ドラマは日本でも高い人気を得ており、レンタルビデオショップや有料動画配信サービスなどで近年は手軽に見ることができるようになった。韓国ドラマには、時代劇から恋愛ドラマまで、幅広い名作が数々ある。『出生の秘密』や『異母兄弟』を扱ったり、主要登場人物は極貧もしくは大富豪や社長という設定が数多いのも特徴である。

韓国では視聴者の意見を非常に大切にしているそうだ。雑誌などで今後の展開を予想する企画があれば、その中の意見を重視して今後の展開を作ったりする。死ぬ展開が予定されていた登場人物が視聴者の意見によって死ななかったり、その逆もあり得るという。視聴者と一緒に作っている感じである。

『恋人よ』、『恋愛時代』、『おはよう神様』、『花より男子』など日本の作品をリメイクした韓国ドラマも多い。逆に『美男ですね』、『シグナル』、『記憶』、『グッド・ドクター』など韓国ドラマを日本でリメイクした例もある。

독해 문제

본문을 읽고 다음 질문에 답하세요.

1. 韓ドラを手軽に見ることができるようになったのはなぜですか。

2. 韓ドラの主要登場人物の特徴は何ですか。

3. 韓ドラのストーリー展開の特徴は何ですか。

중요어휘

略称 약칭	レンタルビデオショップ 비디오 대여점		手軽に 손쉽게
時代劇 시대극, 사극	幅広い 폭넓다	数々 다수	出生 출생
異母 배다른	扱う 다루다, 취급하다	極貧 극빈	もしくは 또는
大富豪 대부호	設定 설정	数多い 수많다	視聴者 시청자
今後 앞으로	あり得る 있을 수 있다	リメイクする 리메이크하다	逆に 반대로
シグナル 시그널			

본문2

韓国ドラマ人気ランキング

第５位：『相続者たち』

キム・タン(イ・ミンホ)は御曹司の高校生であるが、異母兄から疎まれ、アメリカに留学させられていた。そんなタンと出会った少女ウンサン(パク・シネ)。心を通わせるタンとウンサンだったが、タンの婚約者の存在を知った彼女は韓国に帰ってしまう。

第４位：『宮廷女官チャングムの誓い』

全54話の長編大河ドラマ。イ・ヨンエの演じる主人公チャングムの波乱万丈の半生を描いたストーリー。前半では料理人を目指し才能を発揮していたチャングムは、医学を勉強し、医者として再び宮廷に入る。

第３位:『ホジュン』

時代劇で、2000年代最高の視聴率をたたき出したまさに韓国ドラマを代表する作品。実在した名医、ホ・ジュンの生涯を描いたもの。

第２位：『砂時計』

サラリーマンの帰宅時間を早め、「帰宅時計」とも言われた伝説の韓国ドラマである。重厚な社会派ドラマ。

第１位：『太陽の末裔』

休暇中にひょんな事から窃盗犯を捕まえたシジン(ソン・ジュンギ)は、怪我をした犯人を救急車に乗せ病院に行く。そこで医師のモヨン(ソン・ヘギョ)に出会い恋に落ちる。

독해 문제

본문을 읽고 다음 질문에 답하세요.

1. 宮廷の料理人だったが、医者になった人は誰ですか。

2. 実在した名医の生涯を描いたものは何ですか。

3. 主演の 2 人が病院で出会ったドラマのタイトルは何ですか。

중요어휘

- 相続者 상속자
- 心を通わせる 서로 끌리다
- 誓い 맹세
- 半生 반생
- まさに 실로, 바로
- 砂時計 모래시계
- 窃盗犯 절도범
- 御曹司 명문집 자제
- 婚約者 약혼자
- 大河ドラマ 대하드라마
- 目指す 노리다, 지향하다
- 実在する 실재하다
- 重厚だ 중후하다
- 捕まえる 붙잡다, 체포하다
- 異母兄 이복형
- 宮廷 궁궐, 궁중
- 演じる 연기하다
- 発揮する 발휘하다
- 名医 명의
- 末裔 후예
- 救急車 구급차
- 疎む 꺼리다, 멀리하다
- 女官 궁녀
- 波乱万丈 파란만장
- たたき出す 뽑아내다
- 生涯 생애
- ひょんな事から 이상한 인연으로

문형 & 표현

1. もしくは (또는)

会場へはJRもしくは大会シャトルバスをご利用ください。

現金でのお支払いは、コンビニ払い、もしくは代引きに限ります。

2. 逆に (반대로)

体力があり余って逆に疲れてしまった。

困った人を助けようとして、逆に怒らせてしまった。

3. ～をたたき出す (～을 뽑아내다)

このゲームで最高スコアをたたき出すのは簡単なことではない。

キム・ヨナ選手が世界最高得点を更新する驚異的な数字をたたき出した。

4. ひょんな事から (이상한 인연으로)

彼の仕事について、ひょんな事から本当のことがわかった。

ひょんな事から始めたゴルフが、今ではやめられなくなってしまった。

중요어휘

シャトルバス 셔틀버스
代引き 대금상환('代金引換え'의 준말)
あり余る 남아돌다
更新する 경신하다
驚異的 경이적

레벨업 응용독해

10-1 한국드라마

全世界のお茶の間劇場では韓国ドラマの「リメーク·ブーム」が盛んである。「ドラマ共和国」と呼ばれるほどドラマ本数が多い韓国では外国ドラマを次々とリメークしていたが、今や米国·日本·中国をはじめ世界各国で韓国ドラマを自国環境に合わせて再制作する「逆リメーク」ラッシュが熱い。KBS第2テレビドラマ「グッド・ドクター」をリメークし、人気を集めた米国市場は、JTBCドラマ「力の強い女、ト·ボンスン」をリメークすると発表した。

1.「ドラマ共和国」と呼ばれるほどドラマ本数が多い国はどこですか。

2.「逆リメーク」とは何ですか。

3. 米国市場でリメークを発表した作品は何ですか。

10-2 한국드라마

韓国ドラマに対する需要が多い日本でもリメーク事例が大きく増えた。昨年末、韓国コンテンツ振興院が発表した「日本コンテンツ産業動向」によると、2018年だけで「グッド・ドクター」をはじめ、tvNの「シグナル」と「記憶」、映画「セブンデイズ」の4編の韓国ドラマと映画が日本でドラマにリメークされた。今まで韓国ドラマや映画を原作にした日本のリメークドラマは、2004年に朝日TVで放映された「ホテリア」をはじめ、「ごめん、愛してる」「銭の戦争」「魔王」「美男ですね」「カシコギ」など合わせて15本だ。

1. 2018年に日本でリメークされた作品を挙げなさい。

2. 日本でのリメークはいつから始まりましたか。

3. 日本でリメークされた数は全部で何本ですか。

알아보기

1. 좋아하는 일본드라마를 한편 찾아 주인공과 줄거리를 쓰세요.

2. 본문에 나오지 않는, 일본에서 리메이크된 한국드라마를 하나 찾아 줄거리를 쓰세요.

조 별 발 표

▣ 다른 조의 발표를 듣고 내용을 정리해 봅시다.

① 발표자 이름

② 발표 테마

③ 발표 내용 정리

④ 발표를 들은 소감

MEMO

11과 TWICEとBLACKPINK

본문1

TWICE

TWICEは2017年６月、ベストアルバム『#TWICE』で日本デビューし、７月２日には東京体育館で初の単独ライブを開催した。日本での初の単独公演が１万人規模の会場で行われた。TWICEは韓国人メンバー５人に加えて、台湾出身のツウィと、日本出身のミナ、サナ、モモの３人から構成。「TT」と、「Like OOH-AHH」、「CHEER UP」の３曲が、YouTubeでの合計再生回数が４億回に達するなど、デビュー１年強で数々の記録を打ち立てている。

韓国でも人気を集めた「TT」のダンスは、日本でもすでに女子中高生を中心に多数の「踊ってみた」動画が投稿されるなどブームになった。泣き顔で「TT」ポーズをするメンバーのキュートさはもちろん、韓国語ながら口ずさみたくなるキャッチーフレーズと軽快なメロディーや、大所帯のグループであることを活かしたフォーメーションダンスも魅力だ。デビューアルバムは瞬く間に４万枚以上を売り上げ、オリコン・デイリーアルバムランキングで首位に浮上、７月２日に東京で開いた日本初となる単独公演にはファン１万5000人が詰め掛けた。

TWICEの人気の理由は長期にわたるプロモーション準備など、商業的戦略の側面もあるが、共通して挙げられた人気の理由は、韓国と日本・台湾というそのメンバー構成であろう。

독해 문제

본문을 읽고 다음 질문에 답하세요.

1. TWICEはどこの国のメンバーが集まっていますか。

2. 日本の女子中高生を中心に多数投稿されたのはどんな動画ですか。

3. TWICEの人気の一番の理由は何ですか。

중요어휘

単独 단독	~に加えて ~에 더하여	合計 합계	再生 재생
~強 남짓	打ち立てる 세우다, 수립하다	投稿する 투고하다	泣き顔 우는 얼굴
~はもちろん ~은 물론	口ずさむ 흥얼거리다	軽快だ 경쾌하다	大所帯 큰 살림, 큰 규모
活かす 살리다	売り上げる 팔다	浮上 부상, 떠오름	詰め掛ける 몰려들다
戦略 전략			

본문 2

BLACKPINK

BLACKPINKは、韓国のガールズグループで2016年に結成された。メンバー同士が親しい友人であることから、グループリーダーを決めていない。2016年８月８日に、シングルアルバム「SQUARE ONE」からのシングル「BOOMBAYAH」「WHISTLE」でデビューを果たした。略称はブルピン。公式ファンクラブ名は『BLINK』。BLACKPINKは翌年７月20日に日本武道館で初来日公演となる単独ライブを行い、８月20日にミニアルバムで日本デビューを飾った。１万人規模の会場で日本での初単独公演が行われたのはTWICEと同じである。

K-POPの特徴は、韓国のアーティストが日本語で歌う日本オリジナルアルバムがリリースされたり、本国で発表された楽曲の日本語バージョンが作られたりする点である。「洋楽」が日本に入ってくるのとは異なる現象だ。

日本デビューという手続きを踏まずとも、配信や輸入盤で彼らの音楽に触れることはできる。しかし日本デビューによってメディアの露出が増え、J-POPのシーンに食い込むことができるのは、その音楽がより多くの人々に聴かれるようになることを意味するのもまた事実だ。同時期に日本上陸を果たすこととなったTWICEとBLACKPINKという２組の大型新人によって、K-POPが新たなリスナーを獲得することは間違いない。

독해 문제

본문을 읽고 다음 질문에 답하세요.

1. BLACKPINKがグループリーダーを決めていない理由は何ですか。

2. K-POPの特徴を挙げなさい。

3. 日本デビューによってメディアの露出が増えると、どんなメリットがありますか。

중요어휘

- 果たす 완수하다, 달성하다
- 飾る 장식하다, 빛내다
- 楽曲 악곡
- 洋楽 서양 음악
- 異なる 다르다
- 特有 특유
- 手続き 수속, 절차
- ~ずとも ~하지 않아도
- 配信 전송, 배포
- 触れる 접하다
- 露出 노출
- 食い込む 파고들다, 침투하다, 잠식하다
- 上陸 상륙
- リスナー 청취자, 듣는 사람

문형 & 표현

1. ～に加えて（～에 더하여）

電気代に加えて、ガス代まで値上がりした。

家のローンに加えて、子どもの学費を払わなければならないので大変だ。

2. ～はもちろん（～는 물론）

くまモンは日本はもちろん、韓国でも人気がある。

浅草という町は日曜、祭日はもちろん、平日もにぎやかだ。

3. 詰め掛ける（몰려들다）

店のオープンに、大勢の客が詰め掛けた。

ここは多くの観光客が詰め掛ける人気のスポットだ。

4. ～ずとも（～하지 않아도）

完璧を目指さずとも、充実感のある日々を送ることはできる。

この病気は手術をせずとも、薬だけで十分治療できる。

중요어휘

値上がり 값이 오름　　ローン 대출(금)　　くまモン 쿠마몬(쿠마모토의 마스코트 캐릭터)

祭日 국경일　　スポット 장소　　完璧 완벽　　充実感 충실감

레벨업 응용독해

11-1 트와이스

トワイスの日本デビューアルバム、「アジアワントップガールズグループ」の誕生を知らせた「#TWICE」シリーズ2作目、「#TWICE2」が2019年3月、日本で発売された。また、トワイスは昨年末に放送されたNHKの代表年末番組「第69回紅白歌合戦」で、Kポップガールズグループとしては初めて2年連続出場、49チームの出演アーティストのうち視聴率42.7%のシェアで6位となり、話題を集めた。

1. 2019年3月、日本で発売されたトワイスのアルバムのタイトルは何ですか。

2. トワイスは紅白歌合戦に何年連続出演しましたか。

3. 「第69回紅白歌合戦」で、トワイスが話題を集めた理由は何ですか。

11-2 블랙핑크

ジェニが所属するブラックピンクは2018年、日本でデビュー初の「アリーナ·ツアー」を通じて、3都市7回の公演を熱い関心の中で終えた。また、海外ガールズグループでは初めてフィナーレの舞台として京セラドーム入りし、新しい歴史を誕生させた。日本のアレナとドーム公演を成功裏に終えたブラックピンクは今年、全世界の舞台に足を運ぶ。

1. ジェニが所属するガールズグループの名前は何ですか。

2. 「アリーナ·ツアー」の公演は何回行われましたか。

3. 新しい歴史の誕生とは何を指しますか。

알아보기

1. 히트가 된 트와이스 노래를 한곡 골라 그 가사를 일본어와 우리말로 적어 봅시다.

2. 블랙핑크 멤버 한명을 골라 그와 관련된 일본어 기사를 찾아 그 내용을 요약해 봅시다.

조별발표

▣ 다른 조의 발표를 듣고 내용을 정리해 봅시다.

① 발표자 이름

② 발표 테마

③ 발표 내용 정리

④ 발표를 들은 소감

MEMO

12과 韓流・まとめと展望

본문1

韓流ブームの軌跡

1. 第一次韓流ブーム（2001年頃）

韓流ブームの先陣を切ったと言われているBoA。BoAに続いて神話、リュ・シウォン、SE7EN、K、シン・スンフンなどが日本へ進出して人気になった。K-POP以外にブームを起こしたと言われているのは韓国ドラマである。この頃、冬のソナタが大ブームになった。「私の頭の中の消しゴム」などの韓国ドラマや映画がどんどん日本へ普及していった。

2. 第二次韓流ブーム（2010年頃）

KARA、少女時代、SUPER JUNIOR、チャン・グンソクなどが大人気になった。韓国人の美脚に憧れる女子が増えたのはこの時期からと言っても過言ではない。2011年は紅白歌合戦に東方神起、少女時代、KARAが出演した。そしてこの時期から日本でもカカオトークが普及し始めて人気になった。

3. 第三次韓流ブーム（2017年）

2017年は韓流ブームの再来と言われた。この年はK-POPアイドルカフェなど飲食界まで韓流に染まった年だった。韓国コスメショップが次々と日本に進出し、以前は韓国でしか買えなかった韓国コスメも日本で多く見られるようになった。TWICEやBLACKPINKが日本でデビューし、BTS・EXOがさらに飛躍し、アジアを超えて世界へ羽ばたいた。BTSは2017年、BIGBANGのG-DRAGONのアカウントを抜き、Twitterフォロワー数がK-POP歌手１位になった。

독해 문제

본문을 읽고 다음 질문에 답하세요.

1. 韓国ドラマや映画が日本へ普及し始めたのはいつの時期ですか。

2. 2011年の紅白歌合戦に出演した韓国歌手を全員挙げなさい。

3. 2017年、Twitterフォロワー数がK-POP歌手１位になったのは誰ですか。

중요어휘

- 先陣を切る 선두를 달리는, 가장 먼저
- 普及する 보급되다
- 美脚 날씬하고 긴 다리
- 憧れる 동경하다
- ~と言っても過言ではない ~라고 해도 과언이 아니다
- 再来 다시 옴
- 飲食界 음식업계
- 染まる 물들다
- コスメショップ 화장품가게
- 飛躍する 비약하다
- 羽ばたく 날개짓하다, 뻗어가다
- アカウント 기록
- 抜く 앞지르다
- フォロワー 팔로워

본문 2

日本における韓流の展望

韓国出版・放送・広告・ゲームなどコンテンツ産業の売上規模がK-POPなどの韓流に後押しされ、2020年には最大95兆ウォン（約10兆円）に迫るという展望が出た。放送分野の売上高も中国や東南アジアなどアジア市場における韓流により、2020年には22兆8234億6700万ウォンになると推算した。

今までの政府主導の韓流がある程度、効果を成したとも見られる。とはいえ、日韓両国がお互いの大衆文化を受け入れる際、経済的な効果ばかりに執着すると混乱が起きやすいことを忘れてはいけない。

政治など、両国の国民感情により浮沈があったものの、日本における韓流は絶えることなく続いてきた。これは日本での韓流の行方を考える時に、とても興味深いことである。文化が似ているからかも知れないし、韓流の根底に流れている文化的価値が似通っているからかも知れない。理由はともかく、韓流は、日韓両国の関係改善に役立ってきた。何十年もかかって国交正常化を果たした両国の努力を、ドラマ一つが軽く越えていったという認識すらある。しかし、大切なのは持続することだ。日本において韓流をジャンルとしてさらに定着させるためには、まず韓国国内で高い評価を受ける作品を作るべきである。日本での受けを意識した内容ではなく、韓国的な内容、日本にはない内容を作っていかなければならない。

독해 문제

본문을 읽고 다음 질문에 답하세요.

1. 中国や東南アジアなどアジア市場における韓流により売上高が予想される分野は何ですか。

2. 日韓両国がお互いの大衆文化を受け入れる際、注意しなければならない点は何ですか。

3. 韓流の持続のために大切なのは、何ですか。

중요어휘

広告 광고
売上高 매출액, 판매액
成す 이루다, 만들다
執着する 집착하다
絶える 끊어지다
似通う 서로 비슷하다
果たす 완수하다, 달성하다
定着する 정착하다
~に迫る ~에 육박하다, 근접하다
推算する 추산하다
とはいえ 그렇다고 하더라도
混乱 혼란
行方 행방
~はともかく ~는 어쨌든
すら 조차(도)
展望 전망
主導 주도
大衆文化 대중문화
浮沈 부침, 흥망
根底 근본, 토대
国交正常化 국교정상화
持続する 지속하다

문형 & 표현

1. 先陣を切る (선두를 달리는 / 가장 먼저)

業界の先陣を切ったサムスンの新技術が注目されている。

戦いが開始されると、リトアニア軍が先陣を切って攻撃を始めた。

2. ～と言っても過言ではない (～라고 해도 과언이 아니다)

彼女は学校一の秀才と言っても過言ではない。

環境汚染は大きな社会問題の一つと言っても過言ではない。

3. ～に迫る (～에 근접하는)

彼は本大会で、自己新まであと1秒に迫る記録でゴールした。

ガソリンが7週連続で上がり、160円に迫っている。

4. ～はともかく (～는 어쨌든)

費用の問題はともかく、旅行の目的地を決める方が先だ。

デザインはともかく、このテーブルと同じ色のいすを見つけたい。

중요어휘

戦い 전쟁, 전투	リトアニア 리투아니아	攻撃 공격
秀才 수재	環境汚染 환경오염	自己新 자기신기록

레벨업 응용독해

12-1 한류와 역사문제

一橋大学のクォン・ヨンソク教授は「慰安婦のような政治・歴史問題で両国関係は揺れているが、これと無関係な人や製品の交流は拡大している」とし、「政治とは別に、文化がお互いを尊重する媒介の役割を果たしている」と付け加えた。この報道を受け、韓国のネットユーザーからは「反日感情は旧日本軍と日本政府に対してのものであって、日本人そのものへの感情ではない」「反日・嫌韓感情は政治家の必要性に応じて生じたもの」「日本の若者たちは嫌韓でないと思う」など、嫌韓などの懸念に対し前向きな意見が多く寄せられた。

1. 日韓両国関係が揺れている原因は何ですか。

2. お互いを尊重する媒介の役割を果たしているものは何ですか。

3. 反日感情は何に対して生まれたものですか。

12-2 일본에서의 한류의 전망

2018年、韓国中小企業の輸出額が1,146億ドルで、歴代最大を記録したことがわかった。半導体業界の好況や韓流の影響による化粧品輸出の増加などが影響したものと分析される。中小·ベンチャー企業部が発表した「2018年中小企業の輸出動向」によると、2018年、中小企業の輸出額は17年1061億ドルから8.0%増加した1146億ドルと過去最大規模だった。中期輸出額は15年から3年連続して増加し、2年連続1000億ドルを突破することになった。

1. 中小企業の輸出額が歴代最大を記録した理由は何ですか。

2. 2018年の中小企業の輸出額はいくらですか。

3. 中期輸出額は何年から増加しましたか。

알아보기

1. 아시아외의 한류열풍이 불고 있는 나라를 하나 정해 조사해 봅시다.

2. 앞으로의 한류가 어떻게 진행될 것인지 예측해 보고 자신의 의견도 적어 봅시다.

조별발표

▣ 다른 조의 발표를 듣고 내용을 정리해 봅시다.

① 발표자 이름

② 발표 테마

③ 발표 내용 정리

④ 발표를 들은 소감

MEMO

이시윤(李施昀)/舊名李一淑

일본오차노미즈여자대학 석사 및 박사(비교문화학박사)
현 성결대학교 동아시아물류학부 교수

임태균(任苔均)

니혼대학 석사(국제관계학)
오사카대학 박사(비교문학)
현 성결대학교 동아시아물류학부 교수

아이자와 유카(相澤由佳)

고려대학교 교육대학원 일어교육전공 석사(교육학)
고려대학교 일어일문학과 박사과정 수료
현 성결대학교 동아시아물류학부 조교수

레벨업 일본어 _ 한류편

초판 1쇄 발행 _ 2019년 3월 2일

저　　자 • 이시윤 · 임태균 · 아이자와 유카
발 행 인 • 정 현 걸
발　　행 • 신 아 사
인　　쇄 • 토탈프로세스
출판등록 • 1956년 1월 5일 (제9-52호)
주　　소 • 서울특별시 은평구 통일로 59길 4
전　　화 • 02)382-6411 · 팩스 02)382-6401
홈페이지 • www.shinasa.co.kr
E-MAIL • shinasa@daum.net

ISBN 978-89-8396-332-1 (93730)

정가 *12,000* **원**